LA VIE

AU POINT DE VUE PHYSIQUE

ou

PHYSIOGÉNIE PHILOSOPHIQUE

PAR

CHARLES GIRARD

DOCTEUR EN MÉDECINE ET EN CHIRURGIE,

MEMBRE DE PLUSIEURS SOCIÉTÉS SAVANTES.

PARIS

J. B. BAILLIÈRE ET FILS

LIBRAIRES DE L'ACADÉMIE IMPÉRIALE DE MÉDECINE,

19, rue Hautefeuille.

NEW-YORK	PHILADELPHIE
HIPP. ET CH. BAILLIÈRE BROTHERS.	JOHN PENNIGTON ET FILS.

1860

LA VIE

AU POINT DE VUE PHYSIQUE

OU

PHYSIOGÉNIE PHILOSOPHIQUE

LIBRAIRIE DE J. B. BAILLIÈRE ET FILS.

Traité des entozoaires et des maladies vermineuses de l'homme et des animaux domestiques, par le docteur C. Davaine, membre de la Société de biologie, lauréat de l'Institut. Paris, 1860, 1 fort vol. in-8 de 900 pages, avec figures intercalées dans le texte. 12 fr.

Histoire naturelle des végétaux parasites qui croissent sur l'homme et sur les animaux vivants, par le docteur Ch. Robin. Paris, 1853, 1 vol. in-8 de 700 pages, accompagné d'un bel atlas de 15 planches, dessinées d'après nature, gravées, en partie coloriées. 16 fr.

Traité de chimie anatomique et physiologique normale et pathologique, ou des principes immédiats normaux et morbides qui constituent le corps de l'homme et des mammifères, par Ch. Robin, docteur en médecine et docteur ès sciences, professeur agrégé à la Faculté de médecine de Paris, et F. Verdeil, docteur en médecine, chef des travaux chimiques à l'Institut agricole, professeur de chimie. Paris, 1853, 3 forts volumes in-8, accompagnés d'un atlas de 45 planches, dessinées d'après nature, gravées, en partie coloriées. 36 fr.

Traité pratique d'anatomie descriptive suivant l'ordre de l'Atlas d'anatomie, par le docteur J. N. Masse. Paris, 1858, 1 vol. in-12 de 700 pages, cartonné à l'anglaise. 7 fr.

De l'espèce et des races dans les êtres organisés, et spécialement de l'unité de l'espèce humaine, par D. A. Godron, docteur en médecine et docteur ès sciences, professeur à la Faculté des sciences de Nancy, etc. Paris, 1859, 2 vol. in-8. 12 fr.

Dictionnaire de médecine, de chirurgie, de pharmacie, des sciences accessoires et de l'art vétérinaire, de P. H. Nysten. *Onzième édition,* revue et corrigée par E. Littré, membre de l'Institut de France, et Ch. Robin, professeur agrégé de la Faculté de médecine de Paris, ouvrage augmenté de la synonymie latine, grecque, allemande, anglaise, italienne et espagnole, suivi d'un Vocabulaire de ces diverses langues. Paris, 1858, 1 vol. gr. in-8 de 1672 pages à deux colonnes. Illustré de 532 figures intercalées dans le texte.
Prix. 18 fr.
Demi-reliure, dos de maroquin, très-soignée. 3 fr.

Leçons de physiologie expérimentale appliquée à la médecine, faites au Collége de France, par Cl. Bernard, membre de l'Institut de France, professeur au Collége de France, professeur de physiologie générale à la Faculté des sciences. Paris, 1855-1856, 2 vol. in-8, avec figures intercalées dans le texte. 14 fr.
Le tome II. Paris, 1856, in-8 avec figures. 7 fr.

Cours de médecine au Collége de France, *Des effets des substances toxiques et médicamenteuses,* par Cl. Bernard, membre de l'Institut de France. Paris, 1857, 1 vol. in-8, avec figures intercalées dans le texte. 7 fr.

Physiologie et pathologie du système nerveux, par Cl. Bernard, membre de l'Institut. Paris, 1858, 2 vol. in-8, avec figures intercalées dans le texte. 14 fr.

LA VIE

AU POINT DE VUE PHYSIQUE

ou

PHYSIOGÉNIE PHILOSOPHIQUE

PAR

CHARLES GIRARD

DOCTEUR EN MÉDECINE ET EN CHIRURGIE,

MEMBRE DE PLUSIEURS SOCIÉTÉS SAVANTES.

PARIS

J. B. BAILLIÈRE ET FILS

LIBRAIRES DE L'ACADÉMIE IMPÉRIALE DE MÉDECINE,

19, rue Hautefeuille.

NEW-YORK	PHILADELPHIE
HIPP. ET CH. BAILLIÈRE BROTHERS.	JOHN PENNINGTON ET FILS.

1860

A

M. P. FLOURENS

MEMBRE DE L'ACADÉMIE FRANÇAISE ET SECRÉTAIRE PERPÉTUEL
DE L'ACADÉMIE DES SCIENCES (INSTITUT DE FRANCE), ETC.

Monsieur,

En publiant ce petit livre, dans ma langue maternelle, ma seule pensée, mon unique désir, était de vous en offrir l'hommage.

Puissent les hommes sérieux le juger digne de votre patronage.

L'AUTEUR.

AVANT-PROPOS

Je dois à mes lecteurs quelques mots sur l'origine de ce livre : ils seront son histoire.

En 1849, un écrivain croyait avoir découvert un nouveau liquide organique, un liquide générateur de la vie, le *liquide biogène*.

Ce liquide devait présider à la formation de l'œuf, point de départ de tout être organisé.

A cette époque je me livrai à des recherches embryogéniques, longues et assidues, afin de vérifier les faits et d'étudier le phénomène en question.

En 1850, après bien des labeurs, j'arrivai à pouvoir démontrer que l'auteur s'était trompé, que son liquide biogène n'était autre chose que de l'albumine, et, dans le *Journal de Silliman*, je réfutai sa théorie de la formamation de l'œuf.

J'étendis alors le champ de mes recherches : j'étudiai comparativement les œufs en voie de formation, chez les mammifères, les oiseaux, les reptiles, les poissons, les insectes, les crustacés, les vers, les mollusques céphalopodes, gastéropodes, acéphales, et bryozoaires, les oursins, les étoiles de mer, les méduses et les polypes, c'est-à-dire des œufs de toutes les classes du règne animal, afin de m'assurer si l'*exogénèse cellulaire*, que je n'avais jusque-là, qu'entrevue, était un fait constant chez tous, un fait général.

Je le retrouvai partout : dans l'œuf en voie de formation, avant la fécondation, comme aussi dans l'embryon après l'accomplissement de cet acte.

La formation du cœur, celle des artères et des veines, la formation première du fluide nourricier, que j'observai également, reportèrent ensuite mes études sur le phénomène nutritif : je me posai, comme questions nouvelles, la nature du fluide nourricier, et la nutrition elle-même.

Dans les recherches nombreuses que j'entrepris à cet effet, ne trouvant nulle part de solution de continuité dans la nutrition de l'embryon, avant ainsi qu'après son éclosion, laquelle consiste en une addition de cellules élaborées par la fabrique animale, je supposai, pour un instant que la fibrine, chez l'adulte, devait être cellulaire à l'instar du jaune de l'œuf.

Je fis alors, sur un herbivore ruminant, des expériences qui me prouvèrent que la fibrine, c'est-à-dire l'élément nutritif proprement dit, n'était en effet qu'un amas de petites cellules : la fibrine ayant été isolée des autres ingrédients du sang, montrait sa *structure cellulaire*, sous un grossissement de 1000 à 1200 diamètres.

Ces deux grands faits : l'exogénèse cellulaire, et la structure cellulaire de la fibrine, devaient modifier quelque peu les idées reçues sur les phénomènes de la vie physique. J'écrivis les pages qui vont suivre, et les publiai en anglais, aux États-Unis de l'Amérique du Nord, lieu de ma résidence. Ce travail fut admis, en 1856, au concours du prix Monthyon de Physiologie expérimentale. (*Comptes rendus des séances de l'Académie des sciences.* Vol. XLII, 1856, 514.)

Une heureuse circonstance m'ayant permis de revoir ma mère patrie, j'ai cru devoir consacrer quelques heures de loisir à la préparation de cette édition française.

Girard.

Paris, Octobre 1859.

LA VIE

AU POINT DE VUE PHYSIQUE

OU

PHYSIOGÉNIE PHILOSOPHIQUE

I

PHYSIQUE ET MORAL.

Les êtres animés manifestent une double nature : l'une est matérielle, l'autre, spirituelle.

La nature matérielle revêt une forme, un contour, propres à chaque espèce, et constitue des corps tangibles et visibles pour nos sens ; la nature spirituelle consiste en une essence immatérielle, sans forme ni contour, impalpable et invisible pour nos sens.

Or donc, que nous appelions cette dernière,

principe immatériel, esprit ou âme, cela n'altère en rien le fait de son existence : considérons-la comme la condition *sine qua non* de la manifestation physique des êtres animés. C'est à sa sphère que se rapportent les actes moraux et les tendances morales qui appartiennent au domaine de la philosophie.

Nous ne nous occuperons dans ce mémoire que de la nature physique des êtres animés : les phases diverses qu'ils parcourent, dès leur évolution ou manifestation première, jusqu'au terme de leur existence terrestre, constituant ce que nous sommes convenus d'appeler ici les phases ou les *aspects physiques de la vie*.

Les aspects physiques de la vie sont le résultat d'une série de fonctions, toutes dépendantes d'une seule et unique fonction, laquelle préside à toutes les époques, à toutes les phases de la vie animale : en d'autres termes, *la loi sous laquelle les êtres organisés font leur première apparition, est la loi qui les gouverne durant toute la durée de leur existence*.

Donc, le but principal que nous nous sommes proposé, est la recherche des phénomènes de la vie organique, c'est-à-dire, l'élaboration de la matière, son assimilation ou transformation dans les régions diverses et les organes variés qu'elle constitue.

La pensée mère de ce travail pourrait dès-lors se formuler brièvement de la manière suivante :

Les phénomènes de la vie organique ont lieu comme si la fabrique animale n'avait pour but définitif qu'a élaborer des cellules :

Premièrement. — Tous les organes, tous les tissus sont composés de cellules modifiées ou métamorphosées de diverses manières ;

Secondement. — La forme première sous laquelle l'être organisé se manifeste est celle d'une cellule ;

Troisièmement. — L'expression la plus simple de l'être organisé est également une cellule ;

Quatrièmement. — Le développement ultérieur de l'être organisé n'est qu'une simple multiplication et addition de cellules ;

Cinquièmement. — L'acte de la nutrition consiste en un remplacement pur et simple de cellules usées ou détruites par des cellules nouvelles.

Telle est l'hypothèse, la théorie ou la loi, soit qu'on l'appelle hypothèse, théorie ou loi.

II

HISTOLOGIE.

Les recherches microscopiques sur les tissus organiques en général ne permettent plus de douter que tous les organes de la fabrique animale ne soient un composé de cellules, — que des cellules ne forment la base de tous les tissus organiques, — qu'elles ne soient les matériaux constitutifs de la charpente organique tout entière.

La démonstration indubitable de ces faits a déjà donné naissance à toute une littérature, et créé une branche importante de l'anatomie générale.

Nous nous éloignerions de notre sujet si nous entreprenions l'analyse des documents qui viennent à l'appui de la théorie cellulaire pour en faire une doctrine. Nous ne discuterons pas non plus avec ceux qui pourraient encore la nier. Pour nous, nous la croyons philosophique et vraie, attendu que toutes nos recherches et toutes nos études nous l'ont partout révélée.

La théorie cellulaire est donc à la base de cet essai, l'axe pivotal autour duquel les divers chapitres se groupent comme autant de faisceaux.

III

THÉORIE CELLULAIRE.

Dans la structure organique de l'animal, il est des *cellules primordiales* de leur nature, et d'autres cellules, qui, prenant naissance dans l'intérieur des premières, ont été désignées par nous sous le nom de *cellules dérivées*.

1° — Les *cellules primordiales* naissent de l'union de deux liquides primaires, qui se combinent d'après un plan d'affinités réciproques.

2° — Les *cellules dérivées* se forment dans l'intérieur des cellules primordiales, étant le résultat du développement des noyaux qu'elles contiènnent peu après leur formation, et cela d'après le principe de l'exogénèse.

IV

CELLULES PRIMORDIALES.

Les expériences d'Ascherson (1) nous ont fait connaître le mode de formation artificielle des cellules primordiales, qui a lieu simplement en mettant en contact de la graisse liquide, ou ce qui revient au même, de l'huile et de l'albumine, à la température ordinaire de la chaleur animale.

Lorsqu'on examine au microscope de la graisse liquide ou de l'huile, ainsi que de l'albumine dans leur état de pureté parfaite, ces substances présentent cet aspect particulier que l'on est convenu d'appeler *continuité de structure :* c'est-à-dire sans structure aucune, mais une homogénéité parfaite de toute la masse. Un contact de ces substances entre elles n'a pas plus tôt lieu, que des cellules se trouvent presque instantanément formées. Un examen attentif de ces cellules permet à l'expérimentateur de s'assurer que l'huile, ou la graisse liquide

---

(1) *Comptes rendus de l'Institut* (Académie des sciences), vol. VII, 1838, p. 837.

en forme le contenu, tandis que l'albumine en constitue l'enveloppe, sous la forme d'une membrane dont la formation graduelle a été examinée et minutieusement décrite (1).

Les cellules primordiales de formation artificielle sont tellement semblables aux cellules primordiales, formées par la fabrique animale, que le physiologiste le plus expert peut se méprendre à leur égard.

Et cependant elles ne sont nullement identiques, philosophiquement parlant, puisque les cellules de formation artificielle ne parcourent aucune des phases ultérieures de développement qui caractérisent les cellules primordiales de la fabrique animale. Cette dernière, vrai laboratoire de vie, imprime aux cellules, sous son contrôle, le développement et la vie, tandis que les cellules artificielles, en restant isolées de la fabrique animale, s'arrêtent dans leurs cours dès le début : la vie ne pouvant leur être communiquée artificiellement. — Les phénomènes vitaux sont placés au delà du cadre de nos expériences. — Nous ne pouvons imprimer la

(1) Dans les *Archives d'anatomie, de physiologie et de médecine*, p. 414, éditées par J. Müller. Berlin, 1840.

vie par des moyens mécaniques. Encore moins la matière aurait-elle le pouvoir de la produire.

Le point de départ des êtres vivants, leur raison d'être, sont entièrement du domaine moral, métaphysique; leur appréciation échappe à la sphère, à l'intelligence humaines.

V

CELLULES DÉRIVÉES.

Afin de nous faire une idée précise de la formation des cellules dérivées, revenons à la fabrique animale, qui, seule, peut les produire, et là, examinons la forme primitive, la manifestation première de l'être qui est destiné à faire son apparition sur le théâtre de la vie.

Tout être vivant provient d'un œuf; l'adage ancien « *omne vivum ex ovo* » est aussi vrai que philosophique. Mais l'œuf lui-même, tel que le comprenaient les anciens, est déjà un être : un être qui a passé par diverses phases de développement, et qui, par conséquent, a déjà une histoire.

Les recherches sur le développement de l'œuf,

dans les diverses classes du règne animal, nous ont appris qu'il existe un moment dans son histoire où l'on ne peut le distinguer des cellules ordinaires constitutives des tissus organiques ;

Et qu'il existe un autre moment, où ces cellules, destinées à devenir des œufs, augmentent de volume en même temps que, dans leur extérieur, s'accumulent des générations successives de jeunes cellules, préparant ainsi l'œuf proprement dit.

La marche que poursuit une cellule organique, destinée à devenir un œuf, s'opère de la manière suivante : des noyaux d'abord apparaissent dans son intérieur, ces noyaux se développent en autant de cellules, dans l'intérieur desquelles cellules apparaissent des nucléolules ou noyaux plus petits encore, indiquant une troisième génération de cellules. Celles-ci se développent d'après la même loi qui a présidé au développement des cellules mères ; et, c'est ainsi que se multipliant par exogénèse, les cellules arrivent peu à peu à constituer la sphère vitellaire de l'œuf. Car, dès que la troisième génération de cellules apparaît et se développe, la cellule grand'mère disparaît, laissant libre son contenu. Et ainsi de suite jusqu'à maturation de l'œuf.

Martin Barry est le premier auteur qui ait fait des observations partielles sur la *formation de cellules dans l'intérieur de cellules,* dans la troisième série de ses « *Recherches embryologiques,* une contribution à la physiologie des cellules (1). »

Depuis que nos propres recherches ont été dirigées vers le même champ d'études, nous n'avons rencontré nulle part un seul fait en opposition à la doctrine de la formation des cellules par le développement des noyaux intérieurs, aussi professons-nous cette doctrine pour le règne animal tout entier.

VI

EMBRYOGÉNIE.

Il arrive un moment où l'œuf atteint à sa maturité, c'est-à-dire à sa grandeur voulue. A cette époque, le jaune se compose de cellules extrêmement petites, à structure homogène et dans un état apparent de repos absolu. L'œuf, jusqu'ici, est préparé exclusivement par la femelle. Cependant il ne

(1) *Transactions de la Société royale de Londres,* 1840, p. 529.

pourra remplir sa destinée sans le concours du mâle.

Nous avons discuté ailleurs (1) les phénomènes qui ont lieu à cette époque de l'histoire de l'œuf. Ces phénomènes n'ayant aucune portée, directe ou indirecte, sur la question traitée dans ce mémoire, nous nous dispenserons d'en parler ici.

Prenons maintenant l'œuf après la fécondation : cette dernière n'a pas plutôt été opérée, qu'il se manifeste une activité nouvelle, dans les cellules vitellaires prises séparément, une à une, de même que dans la sphère vitellaire considérée dans son ensemble :

La sphère vitellaire parcourt ces phases bien connues sous le nom de *division* ou de *fractionnement*, et dont la signification nous apparaît comme un pétrissement général de sa substance ;

Et tandis que ce pétrissement de la masse entière s'opère, les cellules vitellaires, les cellules constitutives du jaune, chacune séparément, poursuivent ce travail mystérieux, intime de la vie cellulaire

---

(1) *Journal de l'Académie de Philadelphie*, vol. II. Nouvelle série, avec figures. 1854.

dont nous avons parlé plus haut (1) : un travail d'hétérogénéité commence au sein de toutes ces cellules, jadis homogènes, et dont le but apparent est de contribuer à la formation de parties, de régions organiques diverses dans la masse embryonnaire.

Car, déjà le jaune, ou la sphère vitellaire, est devenue un embryon. A mesure que l'embryon se développe, les divers organes dont il sera successivement composé, font leur apparition dans l'ordre relatif de leur importance : les organes essentiels d'abord ; puis ceux d'un rang subordonné.

A l'époque de l'éclosion, l'être nouveau est pourvu d'organes divers, composés de cellules diversifiées ; si bien qu'un examen microscopique déterminera l'organe auquel elles appartiennent.

Toute cette diversité de structures, que nous observons déjà sur l'embryon nouvellement éclos, a pris origine dans une substance des plus homogènes. Des substances, dont l'analyse chimique n'aurait pu révéler l'existence dans l'œuf avant son développement, et par conséquent avant sa féconda-

---

(1) Voyez p. 19.

tion, ont successivement fait leur apparition pendant le développement de l'embryon.

Mais, dira-t-on, d'où ces substances sont-elles venues ? L'organisme les aurait-il créées. Assurément non : la matière ne se crée point elle-même. L'organisation les produit par la transformation des substances homogènes placées sous son contrôle. Cependant il ne faut pas perdre de vue que cette transformation s'opère sous l'influence de la chaleur qui pénètre l'enveloppe externe de l'œuf. La chaleur joue donc un rôle important dans l'acte de la transformation des substances dans l'intérieur de la fabrique organique. Et ce n'est point déraisonner que de supposer que les éléments de l'atmosphère pénètrent l'œuf, imbibent en quelque sorte la substance vitellaire, pendant qu'elle se transforme où se métamorphose.

La même théorie peut rendre compte de la formation du vitellus dans l'enveloppe première de la cellule primordiale. Cette cellule primordiale, toutefois, est sous le contrôle de la fabrique vivante du parent, de l'être transformateur, et entourée de liquides primaires par l'intermédiaire desquels le développement de sa substance peut s'opérer au moyen de l'endosmose.

Citons un exemple de ce développement. Les cellules primordiales, — et par conséquent les œufs primitifs, — avons-nous dit, sont un composé d'huile d'un côté, et d'albumine de l'autre ; l'albumine formant la membrane ou le *contenant*, tandis que l'huile en constitue le *contenu*. Pour transformer ce contenu huileux en cellule, ou en noyaux qui constituent le premier état des cellules, une addition d'albumine est nécessairement requise, et l'on peut facilement admettre que cette albumine pénètre l'enveloppe primordiale par endosmose. De même, la graisse devenant nécessaire, elle y pénétrerait par endosmose également.

Mais ici nous touchons à l'acte final et impalpable de la vie physique, lequel échappe à nos observations.

Résumons brièvement ce chapitre : l'animal, depuis son origine jusqu'à sa maturité ou développement complet, augmente sa masse par une addition de cellules à ses divers organes, — cellules homogènes, élaborées par sa propre fabrique, et mises à la disposition de chaque organe, de chaque tissu qui assimilent, transforment ces cellules homogènes en la structure qui leur est propre.

Donc, la même loi qui préside à la manifestation première d'un être vivant, prévaut à travers toutes ses phases, toutes ses métamorphoses, toutes ses périodes de croissance ; en d'autres termes : *les moyens que la nature emploie en vue de la perpétuité des espèces, sont les mêmes que ceux dont elle fait usage pour le développement et le maintien de la vie matérielle ou physique.*

VII

ÉLÉMENTS ORGANIQUES.

Si donc la cellule primordiale est considérée comme la particule physiologique élémentaire des tissus organiques, alors nous pouvons dire en toute sécurité que, physiologiquement parlant, il n'y a pas d'éléments organiques proprement dits ; car, quelque simple que soit une cellule, son état d'être implique la présence de deux substances, élémentaires en apparence, — une substance interne et contenue, et une substance externe et contenante.

Ainsi une cellule primordiale ne naît pas d'une substance unique ; deux substances sont nécessaires à sa formation.

Nous avons dit plus haut que les deux substances qui donnaient naissance aux cellules primordiales, étaient, d'un côté, l'huile, et de l'autre l'albumine.

L'huile et l'albumine, donc, constituent les matériaux organiques primitifs ; mais ni l'huile ni l'albumine ne sont en eux-mêmes des corps simples ou des éléments.

Car, les matières huileuses ou grasses sont composées de carbone, d'hydrogène et d'oxygène ;

Et l'albumine de carbone, d'hydrogène, d'oxygène et d'azote ou nitrogène.

Par conséquent, les vrais éléments des substances organiques sont les mêmes que ceux qui entrent dans la composition des corps inorganiques.

VIII

MÉCANIQUE DE LA VIE.

Ici nous touchons à un vaste champ d'études.

Sous ce titre il faut grouper toute cette diversité de mouvements qui donnent à la nature vivante son *aspect animé*.

Ce sont d'abord le mouvement de chaque animal dans son ensemble ; puis, les mouvements de chacun de ses organes séparément : tous sous la volonté de l'animal.

Puis, il y a les mouvements de quelques-uns de ces organes où la volonté de l'animal ne joue aucun rôle.

Les mouvements d'un animal dans son ensemble ainsi que les mouvements divers de ses organes séparément, constituent l'*aspect zoologique* de la mécanique de la vie (1).

Derrière (nous pourrions dire à la base de) ces mouvements tangibles d'organes complexes, il y a un mouvement moléculaire (si nous pouvons nous exprimer ainsi) des parties constitutives de chaque organe, formant *l'aspect physiologique* de cette même mécanique de la vie.

Mais chaque mouvement implique un pouvoir moteur. Examinons ce point.

(1) L'aspect zoologique de la mécanique de la vie formera le sujet d'un autre mémoire.

Les particules constitutives des tissus organiques ainsi que des organes eux-mêmes, sont, comme nous l'avons déjà dit, les cellules animales. Les cellules animales ont en elles-mêmes leur propre pouvoir moteur, un mouvement intrinsèque inhérent à chaque cellule. C'est une sorte de pouvoir latent, qui, sur l'application d'un principe impulsif transmis à la cellule à travers ses parois, la dilate et la met ainsi en mesure de se mouvoir ; et ce mouvement en se communiquant aux particules ou cellules adjacentes, mettra en mouvement un organe tout entier.

Le principe moteur est entièrement physique de sa nature. L'électricité sous une forme quelconque, — peut-être comme magnétisme animal, — pénètre tous les corps animés. Son évolution donne lieu à une combustion chimique. Le mouvement est d'abord moléculaire : des cellules se dilatent et crèvent ; en crevant elles se dissolvent et leurs débris se consument en tout ou en partie : leurs éléments constitutifs se changent en gaz, qui sont les vrais agents moteurs des organes.

L'acide carbonique est le gaz prépondérant ; sa présence dans les êtres vivants est ainsi liée aux mouvements du corps ;

De même que les matériaux consumés se rattachent à l'acte de la nutrition, ainsi que nous le verrons ci-après.

L'histoire physique d'un être animé, tandis qu'il a un aspect physique et tangible, consiste dans la combinaison de quelques éléments chimiques comme base de sa charpente matérielle, entre-mêlés d'autres éléments inorganiques d'une importance tout accessoire. Ces éléments sont les mêmes que ceux qui existent dans les autres règnes de la nature parcourant ici une série de métamorphoses, de combinaisons d'un ordre plus élevé, plus complexe pour se dissoudre encore en éléments primaires lorsqu'ils sont arrivés au terme de leur existence matérielle.

Disons-le en passant : chez l'être humain, à la structure animée et physique du corps, est associée une âme, une nature morale, à laquelle la première sert de demeure temporaire.

Maintenant donc, afin d'harmoniser l'esquisse rapide de ce chapitre avec les idées qui nous servent de guide dans ce travail, nous le résumerons comme suit :

Tous les corps vivants subissent une perte dans les particules organiques dont leurs divers organes sont composés.

Chaque mouvement physique, chaque action mentale implique une dissolution, un emploi de matériaux appartenant à l'organe ainsi mis en action.

Les organes étant composés de cellules ou de leur dérivés, l'usure de leurs particules constitutives, par conséquent, n'est autre chose que l'usure de cellules organiques ou de leurs dérivés dans une proportion donnée, et équivalant toujours à l'acte accompli.

IX

FABRIQUE ANIMALE.

C'est pourquoi, si les corps organisés ne recevaient pas de nouveaux matériaux pour soutenir leur économie, il se manifesterait un déclin graduel dans leur activité jusqu'à extinction complète dela vie. De même un corps inorganique, en mouvement, a besoin d'un renouvellement constant de la force qui l'a mis en mouvement, s'il doit continuer à se mouvoir; autrement il ralentirait graduellement sa course pour en venir à un état de repos absolu.

Or le repos absolu pour les corps organisés, c'est la cessation de la vie.

Les corps vivants, donc, ont besoin de prendre de la nourriture pour maintenir leur activité de même que pour atteindre à leur taille complète. Ils consomment des matériaux durant leur croissance; par conséquent ils réclament plus de nourriture pendant leur jeune âge, ayant à pourvoir simultanément à une addition de substance par laquelle leur masse est accrue et au remplacement de la substance usée par le jeu des parties sous l'influence de leur action vitale.

Et c'est ainsi que nous voyons les animaux emprunter au monde environnant des matériaux, lesquels sont introduits dans une cavité de leur corps, l'estomac, où ils subissent un travail d'élaboration ou de transformation, qui les rendra propres à être assimilés par les divers tissus ou organes qui les réclament.

Les matériaux empruntés au monde extérieur

et introduits dans la fabrique animale, sont des caractères les plus variés. Beaucoup d'animaux font un certain choix ; ceux-ci dépendent exclusivement d'une seule espèce de nourriture, ceux-là, d'une autre : les uns se nourrissant de substances végétales, les autres de substances animales.

Mais quel que soit le cas, qu'un animal se nourrisse de substances hétérogènes ou d'une seule, la nourriture ainsi prise diffère dans sa structure de la substance constitutive de l'espèce qui se l'approprie à ses usages, chaque espèce ayant ses cellules constitutives spéciales. Avant que ces nouveaux matériaux puissent être d'aucun service à la fabrique dans laquelle ils sont introduits, il faut qu'ils subissent nécessairement un travail d'élaboration; c'est-à-dire que leur nature spécifique change son état d'être et revête une nouvelle forme, un état d'être nouveau, afin de devenir partie constitutive d'un corps d'une autre forme et doué de besoins et de tendances différents.

Un exemple fera ressortir cette association d'idées. Admettons une prairie où l'herbe croisse à profusion. Que ce soit une ou plusieurs espèces d'herbes, la question reste la même, car nous aurons une substance alimentaire d'une seule et même classe. Maintenant qu'un cheval, un bœuf, une brebis et une chèvre, paissent côte à côte dans cette même prairie : ces animaux prendront la même nourriture, et l'assimileront à leur économie d'après le même procédé général. Quel en sera le résultat ? Quatre espèces différentes de chairs seront formées aussi distinctes les unes des autres que diffèrent entre elles ces espèces animales ; distinctes dans leur saveur; distinctes dans tous les détails de leur structure intime ; ce pâturage, le même pour tous, aura donné des chairs diverses à ces divers animaux.

La vie physique du cheval, du bœuf, de la brebis et de la chèvre est maintenue, et la croissance de ces êtres s'effectue dans chacune, d'après son espèce, tout entourées qu'elles soient de conditions extérieures identiques, et recevant la même nourriture.

De plus, tournons pour un moment nos regards vers ce qui se passe journellement au sein d'un lac ou d'une rivière, le long d'une côte maritime ou dans une baie. Chacun de ces milieux est peuplé d'une multitude d'animaux appartenant à des classes, des ordres et des familles diverses. Leurs conditions d'existence sont identiques ; leurs besoins et leurs tendances sont aussi variés que leurs formes. Ils se nourrissent aux dépens les uns des autres ; ils s'approprient et transforment des substances organiques en leur propre nature spécifique avec une constance, une fixité d'action, sur lesquelles le temps n'a aucun contrôle. Un saumon reste saumon, une alose reste alose, etc., etc., à la perpétuité invariable de leurs espèces.

La signification de tout ceci est en soi-même évidente et d'une rigoureuse simplicité : chaque animal, selon son espèce, possède un principe immatériel spécifique, accomplissant sa destinée sur cette planète d'après un plan préconçu et une direction prédéterminée qui lui fut imprimée au début de l'ordre actuel des choses.

Ce façonnement de la matière que chaque espèce assimile à sa propre image est un des arguments les plus puissants en faveur de l'existence d'un principe immatériel et indépendant dans chaque espèce, ainsi que de l'existence au-dessus d'elles toutes, d'un autre grand principe, intelligent, ayant la conscience de son être, qui par sa seule volonté les a fait ce qu'ils sont.

Par delà les phénomènes de l'assimilation et de la nutrition nous touchons au domaine de la vie morale. S'il nous est donné d'expliquer l'être physique à travers ses diverses manifestations ou aspects, la genèse de l'être moral n'est pas à notre portée. Ici le naturaliste dépose son scalpel en disant à sa pensée soumise: Tu n'iras pas plus loin.

X

FLUIDE NOURRICIER.

Lorsque l'on considère le fluide nourricier dans l'ensemble du règne animal, il se présente sous trois formes principales, depuis son expression la plus simple, chez les polypes, jusqu'à son état le plus complexe, chez les vertébrés à la tête desquels se trouve placé l'homme.

Ces diverses phases de la circulation sont bien connues des physiologistes.

Chez les polypes et les rayonnés d'un ordre inférieur, chez certains mollusques et quelques crustacés, le fluide nourricier circule sous la forme de *chyme*. Or, partout où la circulation chymifère existe, les organes proprement dits de la respiration manquent complétement : l'eau est introduite dans le corps par la bouche ainsi qu'à travers les parois du corps, se mêlant directement au chyme et circulant avec lui. L'anus même manque dans la plupart des cas.

Disons aussi que la circulation chymifère ne se rencontre que chez des types aquatiques.

Chez les rayonnés d'un ordre plus élevé, la plupart des mollusques et des articulés, le fluide nourricier circule sous la forme de *chyle*. Il existe ici des réservoirs particuliers pour l'assimilation et la circulation de ce fluide, et, comme conséquence inévitable, il est aussi des organes de la respiration. De plus, partout où il existe un système chylifère, on trouve de même un système lymphatique.

La circulation chylifère se rencontre à la fois chez des types aquatiques et des types terrestres.

Le chyle revêt parfois les couleurs les plus vives

et les plus variées, principalement dans la classe des insectes.

C'est chez les vertébrés seulement que le fluide nourricier circule sous la forme de *sang*. L'élaboration de ce fluide subit ici la morphologie la plus complète. Des organes de la respiration de deux espèces : des branchies et des poumons ; un système de vaisseaux pour transporter le chyle ; une double circulation : artérielle et veineuse ; un système de vaisseaux conducteurs de la lymphe, attestent par leur présence que l'élaboration du fluide nourricier passe au travers d'un procédé plus long et plus complexe que chez les précédents. Le sang, proprement dit, est la dernière phase dans la morphologie du fluide nourricier. Ce n'est que par analogie que nous parlons de sang chez les articulés, les mollusques et les rayonnés.

Si maintenant nous énumérons brièvement et sous le point de vue physiologique, les parties constitutives du sang, nous aurons :

Un *liquide sanguin* composé d'eau et d'albumine dans lequel flottent les corpuscules, la fibrine, ainsi que quelques sels inertes.

Les corpuscules ont un caractère particulier dans chaque espèce animale ; ils se ressemblent presque tous dans leur forme et leur grandeur chez une espèce donnée. Il y a deux espèces de corpuscules, les rouges et les blancs ; les premiers sont beaucoup plus nombreux que les seconds.

Les *corpuscules rouges* renferment dans leur intérieur soit un noyau incolore et transparent, soit plusieurs noyaux agglomérés dont la ressemblance avec une petite mûre est des plus apparentes.

Les *corpuscules blancs*, par leur petit nombre, paraissent comme perdus au milieu des rouges. Ils sont généralement plus petits, rarement aussi grands que ces derniers. Leur forme est presque circulaire ; leur grandeur, constante et uniforme. Leur contenu consiste toujours en plusieurs noyaux épars et très-distincts. Ils ont été désignés sous le nom de corpuscules chylifères, et lymphatiques ; ils diffèrent entièrement des corpuscules rouges par leur structure ainsi que par le rôle qu'ils jouent dans l'économie animale.

La *fibrine* a, de tout temps, été considérée comme la portion nutritive du sang, la partie essentielle, la partie assimilable par la fabrique animale dans l'acte de la nutrition, c'est-à-dire, dans l'accroissement, ainsi que dans la réparation des pertes que subissent les organes. Le fait que la fibrine est moins abondante dans le sang veineux que dans le sang artériel, serait à lui seul la preuve la plus convaincante que cette substance est réellement employée à un usage quelconque par la fabrique animale.

La fibrine est considérée comme un fluide plastique sans structure, se solidifiant dans les tissus comme l'acte final auquel elle participerait. Pour nous servir de l'expression consacrée à cet égard, ce serait une espèce de *cristallisation vitale*, laquelle cristallisation vitale de la fibrine dans les tissus rendrait compte de la nutrition.

XI

CHIMIE DE LA VIE.

Suivons maintenant la transformation des substances alimentaires dont le double but est de réparer les pertes de la fabrique animale, ou bien de pourvoir aux besoins de son économie et de fournir des matériaux à sa croissance.

Le système de la digestion est le laboratoire, nous dirions presque la cornue dans laquelle s'élaborent les substances alimentaires.

La fonction de l'estomac est de digérer ; en d'autres termes, de réduire en un état de pulpe élémentaire les cellules hétérogènes et constitutives des substances introduites et appelées à fournir au système de la circulation de nouvelles substances nutritives.

La pulpe résultant de la digestion est le *chyme*. En parcourant le trajet des intestins, une séparation s'opère ; une portion est absorbée par un système de vaisseaux, connus sous le nom de vaisseaux lactés ou chylifères, qui la portent dans les veines. Cette partie du chyme ainsi absorbée est le *chyle*. L'autre partie est rejetée de l'économie comme un résidu inutile que l'acte chimique de la digestion n'a pas dissous.

Le chyle, donc, est la seule portion des aliments digérés qui soit destinée à être agrégée à l'être par la fabrique animale ; ce chyle devra maintenant être assimilé, afin de devenir nutritif.

Mais le chyle, de sa nature, est principalement de la graisse liquide ou de l'huile : comme tel il n'est pas nutritif; et nous savons que la partie nutritive du sang, la fibrine, n'est ni de la graisse liquide ni de l'huile.

En conséquence, revenons un instant aux vaisseaux lactés par lesquels le chyle arrive au sang veineux.

Avant de se vider dans les veines, les vaisseaux lactés se sont joints aux vaisseaux lymphatiques dont le contenu se trouve ainsi ajouté au leur, dans sa marche ultérieure vers les veines.

Le contenu des vaisseaux lymphatiques consiste en lymphe ; la lymphe est albumineuse de sa nature : la lymphe est purement et simplement de l'albumine.

La lymphe ne s'est pas plutôt déversée dans les vaisseaux lactés, que les deux liquides, lymphe et chyle, se combinent. Le résultat de cette combinaison est la formation de cellules, — cellules primordiales, semblables sous tous les rapports aux cellules primordiales que l'on peut produire artificiellement, en mettant en contact de l'albumine et de la graisse liquide, ainsi que le démontrent des expériences auxquelles nous avons fait allusion plus haut.

Des cellules primordiales peuvent également se former dans les vaisseaux lactés dans les circonstances suivantes.

Il doit être évident, aux yeux de tout physiologiste, que l'albumine est fournie aux besoins de la fabrique animale par l'appareil digestif. C'est pourquoi, lorsque les substances albumineuses prédominent dans la digestion, elles sont absorbées par les vaisseaux lactés, dans lesquels les substances grasses existent toujours, et des cellules s'y forment instantanément. Lorsqu'un excès d'albumine se produit dans la digestion, le surplus est conduit comme tel dans la circulation, fournissant ainsi à la liqueur sanguine la quantité requise de cette substance pour constituer le sérum.

De plus, lorsque l'albumine qu'amènent les vaisseaux lymphatiques existe aussi en trop forte quantité par rapport aux substances grasses des vaisseaux lactés, elle passe comme telle dans le liquide sanguin, dans le but semblable de former du sérum.

Les cellules primordiales entrent maintenant dans la circulation veineuse, et vont, plus ou moins directement aux poumons, organes dans lesquels la couleur blanchâtre ou rosée qu'elles y apportent, est changée en cette teinte rouge foncé qui les caractérisera à partir de ce moment-ci. Dès lors ils s'appellent les *corpuscules rouges du sang*.

Conséquemment, les corpuscules rouges du sang, sont des cellules primordiales organiques. L'embryologie seule pouvait résoudre ce problème. C'est pourquoi il ne doit pas être surprenant que l'on se soit mépris sur leur véritable nature lors de leur première découverte, puisque, à cette époque-là, l'embryologie était non-seulement encore dans l'enfance, mais ne figurait même pas parmi les sciences naturelles. Cependant, il est singulier que les expériences d'Ascherson ne nous aient pas mis plus tôt sur la voie, puisque l'on connaissait le fait de la formation de cellules dans les vaisseaux lactés dès l'instant où la lymphe se mêle au chyle, — et que l'on savait en outre que la lymphe n'était autre chose que de l'albumine, et le chyle, en majeure partie, de la graisse liquide.

Mais ne perdons pas de vue ces prétendus corpuscules rouges, flottant maintenant au sein du fluide nourricier. Examinons le rôle qu'ils jouent dans l'économie animale. Leur intérieur est devenu un nouveau centre d'élaboration, un nouveau foyer de vie, où des noyaux se développent d'après la loi générale à laquelle il a été fait allusion plus haut. Ces noyaux sont une génération de très-petites cellules, qui se multiplieront et flotteront plus tard dans le liquide sanguin, lorsque l'enveloppe primitive, ou la membrane de ces corpuscules aura été dissoute. Cette dissolution des cellules primordiales (corpuscules) du fluide nourricier a lieu, selon toute probabilité, dans les poumons, après un premier, un second ou plusieurs circuits dans les réservoirs de la circulation. C'est durant ces circuits que leurs noyaux apparaissent et se développent en cellules secondaires ou dérivées, pour constituer la fibrine à la rupture de l'enveloppe de ces corpuscules.

Donc, le principal rôle des cellules primordiales

est d'élaborer une ou plusieurs générations de cellules qui deviennent les matériaux constitutifs de la fibrine; la fibrine étant l'assemblage de ces cellules extrêmement petites et homogènes, formées dans l'intérieur des corpuscules rouges, ou cellules primordiales du sang, ou fluide nourricier.

A part l'élaboration de la fibrine, les cellules primordiales ont une fonction secondaire à remplir : elles conduisent dans l'économie une provision d'oxygène, et en rapportent, pour être éconduit, l'excès, le surplus d'acide carbonique devenu inutile. Il n'est pas improbable que c'est durant cette restitution d'acide carbonique au monde extérieur, que l'enveloppe primitive de ces cellules ou corpuscules est consumée, rompue ou dissoute par une combustion pulmonaire, libérant les jeunes cellules qu'elle contient, lesquelles flottent, à partir de ce moment, sous le nom de fibrine dans le courant du liquide sanguin.

Il est généralement admis, avons-nous déjà dit, que la fibrine est la partie nutritive du fluide nourricier. Tandis qu'elle reste sous l'action immédiate de l'organisme, elle est disséminée dans la masse tout entière du fluide nourricier ou sang, sous la forme de cellules excessivement petites. Lorsqu'on la retire de la fabrique animale et qu'on cherche à isoler les divers éléments de ce fluide, ces petites cellules s'aglomèrent en filières pour former ce que l'on appelle le caillot, avec lequel se trouvent toujours mêlés un peu d'albumine et quelques corpuscules.

Or donc, la fibrine se rend aux divers tissus organiques, sous la forme de petites cellules, à travers les parois des vaisseaux capillaires. Ces cellules prennent la place des particules usées et détruites, s'agrégent même entre elles, et sont changées en muscles, en os, en nerfs, etc., etc., selon l'organe dans lequel elles arrivent. Car, aussi longtemps qu'elles circulent dans le sang, elles sont parfaitement homogènes, capables d'être transformées en l'un ou l'autre des divers tissus qui constituent la charpente organique. Chaque organe, chaque tissu, a, comme l'on sait, une structure cellulaire qui lui est propre. Le principe vivant de la fabrique animale pourvoit à cette diversité. Lorsque, par conséquent, les cellules de la fibrine arrivent dans un organe, soit pour réparer ses pertes, soit pour pourvoir à sa croissance, elles y subissent une métamorphose par laquelle elles se trouvent assimilées à la nature et à la structure de cet organe ou de ce tissu.

Les cellules de la fibrine étant, par le fait, les matériaux élémentaires auxquels les corps physiques organisés doivent leur existence, on pourrait avec beaucoup de vérité, de justesse, les désigner sous le nom de *cellules protéennes*.

En qualifiant les cellules de la fibrine, de cellules protéennes, il demeure bien entendu que ce nom rappelle simplement le rôle qu'elles jouent dans l'économie des corps vivants, — celui de constituer les matériaux premiers dont leur charpente tout entière est composée, — sans faire allusion aucune à la protéine organique de quelques chimistes. Si, cependant, nous nous enquérions des éléments constitutifs de ces cellules, nous trouverions pour réponse les mots d'*oxygène*, d'*hydrogène*, de *carbone* et de *nitrogène* comme bases constitutives de tous les corps organiques.

L'économie tout entière des corps organisés, la fabrique vivante, n'est donc qu'une élaboration de cellules. Le principe immatériel qui réside dans chacun de ces organismes, dispose de ces cellules selon les besoins, les aptitudes, les tendances de chaque espèce, les façonne à son image en imprimant sur chacun d'eux son cachet particulier, présidant au développement de tous les organes, les subordonnant les uns aux autres tout en les rendant dépendants les uns des autres.

Par le moyen de ce travail cellulaire de la fabrique animale, il s'opère un échange constant et graduel de toutes les particules constitutives des corps organisés ; en sorte que l'on peut dire avec une entière vérité que toutes les cellules qui entrent, à une époque donnée, dans la constitution d'un corps organisé, seront, à une autre époque donnée, — un laps de temps peut-être de quelques années, — entièrement remplacées par d'autres cellules.

XII

MATÉRIAUX INORGANIQUES.

Des analyses chimiques faites sur les diverses parties et organes qui constituent la charpente, connue sous le nom de fabrique animale, nous ont révélé la présence, dans son intérieur, de plusieurs autres éléments et corps composés inorganiques, à part le carbone, l'hydrogène, l'oxygène et le nitrogène dont nous avons parlé ailleurs.

On les rencontre soit sous la forme de bases formant une portion de la structure de plusieurs organes compactes, soit sous la forme de sels et d'acides flottant dans les divers liquides.

Quelques-uns d'entre eux sont de première nécessité au bien-être de la fabrique animale dans son plus haut degré de perfection. Ainsi le phosphore est nécessaire à la charpente osseuse des vertébrés. Sur un degré plus bas de l'échelle nous trouverons le calcaire nécessaire au test des mollusques et des rayonnés.

D'autres y sont tout à fait accessoires ou accidentels, ayant été introduits dans l'économie, combinés avec la nourriture que chaque être vivant est tenu à prendre pour équilibrer son action vitale.

La digestion, en élaborant les matériaux bruts, en fait une première division; un résidu est rejeté de l'appareil et consiste principalement en particules non décomposées ou indécomposables, et trop grossières pour entrer dans le cours de la circulation.

Ceux de ces matériaux accessoires qui finissent par entrer dans la circulation avec ceux qui sont nécessaires à l'économie, ont à passer maintenant à travers une série de glandes ou de filtres, si je puis m'exprimer ainsi, et par lesquels ils se trouvent arrêtés, ou plutôt conduits dans une direction spéciale, étant employés quelquefois à une fonction secondaire de l'organisme, tandis que dans d'autres cas ils sont rapidement rejetés au dehors comme inutiles et délétères.

Dans le suc gastrique nous trouvons du chlorure de soude, de la potasse, des acides sulfuriques, phosphoriques, carboniques et autres, — pour aider à la décomposition des substances alimentaires brutes pendant leur séjour dans l'estomac, ou cornue de l'appareil digestif.

Les minéraux qui se rencontrent dans le sang sont la potasse, la soude, le calcaire, la magnésie, le fer, la silice, le chlore, le soufre, et le phosphore. On y trouve aussi de l'acide carbonique.

Le sang en passant à travers la glande hépatique

y laisse de la silice, du phosphore, et du soufre sous la forme d'acides, avec de l'acide carbonique également.

En parcourant les glandes rénales, le sang y abandonne du chlore et des acides phosphoriques et sulfuriques.

Les glandes mammaires donnent des acides sulfuriques, phosphoriques et carboniques.

Telle est l'esquisse rapide et imparfaite d'un chapitre qui formerait avec le précédent le sujet d'un traité du plus vif intérêt. La doctrine des équivalents chimiques est intimement liée à ce sujet, et, dans son application à la médecine thérapeutique, pourrait nous fournir des données d'une haute valeur pour l'administration des médicaments dans les conditions pathologiques de la fabrique organique.

XIII

CORPUSCULES BLANCS DU SANG.

C'est ici le lieu de dire quelques mots sur les corpuscules blancs du sang. Ceux-ci sont également des cellules ; mais pas des cellules primordiales. Ils naissent de cellules protéennes qui, n'ayant pas traversé les parois des réseaux capillaires pour s'assimiler à quelque tissu, sont conséquemment restées dans le liquide sanguin, sans rôle ultérieur à jouer ; leur cercle de vitalité se trouve peu à peu franchi. Le résultat d'un tel ordre de choses est leur transformation en cellules transparentes, pourvues de plusieurs noyaux bien définis.

Donc, morphologiquement parlant, les corpuscules blancs du sang sont de véritables cellules épithéliennes.

La prépondérance de corpuscules blancs dans le sang indique soit un excès de cellules protéennes (fibrine), soit une condition pathologique du système ; deux états de choses qu'il sera facile d'apprécier et de discriminer.

Nous savons déjà que les cellules épithéliennes des tissus organiques ont un rôle tout à fait temporaire à remplir ; celui de former des couches protectrices, des revêtements soit internes soit externes de plusieurs organes. Leur existence est tout éphémère ; leurs prototypes sont des cellules protéennes, qui arrivent aux divers organes où elles se trouvent par les voies ordinaires de la circulation. Il y a un déchet permanent de cellules épithéliennes de la surface externe du corps aussi bien que des membranes muqueuses internes. La vie de ces cellules est rapide et brève ; leur fonction temporaire n'est pas plutôt remplie qu'elles disparaissent de la fabrique animale, par un acte direct de cette dernière.

Ainsi, les cellules épithéliennes (les corpuscules blancs) du sang sont éliminées de ce liquide où elles n'ont aucun rôle à jouer, par l'intermédiaire des glandes, ou filtres naturels : le mucus et l'épithélium se rencontrant dans le suc gastrique, la salive, la bile et l'urine.

XIV

LYMPHE ET SYSTÈME LYMPHATIQUE.

Tous les traités de physiologie portent que la lymphe se forme dans toutes les parties du corps, à la périphérie de tous les organes, et que cette lymphe est ramenée dans la circulation générale par un système particulier de vaisseaux, les vaisseaux lymphatiques.

Rien n'est, en effet plus vrai. Les vaisseaux lymphatiques conduisent de la lymphe, qu'ils versent dans le système veineux. Mais dire que la lymphe se forme à la périphérie de tous les organes, c'est admettre que le corps lui-même la sécrète ou plutôt la crée, puisqu'il n'y a nulle part un organe spécial pour la sécrétion de cette substance.

Nous ne refusons pas, d'une manière absolue, à la fabrique animale, le pouvoir de produire de l'albumine, c'est-à-dire de la faire, avec l'oxygène, l'hydrogène, le carbone et l'azote, qui coexistent dans ladite fabrique, mais nous ne pouvons nous défendre de l'idée que cet acte n'est pas accompli à la périphérie des tissus et des organes.

La théorie que nous avons essayé de dérouler dans ces pages, rend compte du phénomène de la circulation lymphatique de la manière suivante :

Le sang, ou fluide nourricier, est composé d'une quantité donnée de sérum, le liquide sanguin proprement dit ; ce sérum n'étant autre chose que de l'albumine étendue d'eau. L'office du liquide sanguin, ou sérum, est d'isoler les cellules protéennes afin de les empêcher de s'agglomérer : état de choses vers lequel elles ont toujours une tendance très-marquée. Le passage des cellules protéennes (fibrine) à travers les parois des vaisseaux capillaires se fait par l'intermédiaire du sérum qui les accompagne jusqu'au lieu de leur destination par delà leurs réservoirs. Ceci accompli, la présence du sérum devient inutile, — du moment que les cellules protéennes se sont incorporées aux organes et aux tissus, — alors, il se décompose, son élément aqueux s'échappe sous la forme de transpiration, tandis que l'albumine, sous le nom de lymphe, est immédiatement absorbée par les vaisseaux lymphatiques qui la ramènent au sang veineux, ainsi que nous l'avons déjà dit, quand nous avons parlé des vaisseaux lactés et du chyle (1), et que le rôle joué par la lymphe (albumine) dans l'économie animale a été dûment examiné.

Telle est, en effet, l'importance du rôle que joue l'albumine dans la fabrique animale, que nous ne devons nullement être surpris de voir un système spécial de vaisseaux particulièrement chargés de la

---

(1) Page 41.

conserver, de la tenir en réserve pour les besoins futurs de l'organisme.

Quant à l'eau, que la nature fournit partout en abondance, l'organisme se débarrasse de celle qui a une fois servi et qui, du reste, doit avoir perdu ses qualités les plus essentielles.

XV

GENÈSE DE LA CIRCULATION.

Il est important, maintenant, de montrer que la genèse du système de la circulation ainsi que du fluide nourricier, corrobore la position que nous avons prise vis-à-vis du phénomène physique de la vie.

Il est un moment dans l'histoire de l'embryon où la circulation n'existe pas. Cette fonction étant subordonnée à d'autres fonctions d'un ordre plus élevé, n'apparaît qu'en son temps et lieu, selon la classe à laquelle l'animal appartient.

Le cœur est l'organe central de la circulation : le

cœur apparaîtra avant les artères et les veines : sa première manifestation est un groupe de cellules, situé dans cette région du corps qu'il occupera ultérieurement. Ce groupe de cellules grandit ; puis, peu à peu, il est soumis à des contractions isochrones ; puis enfin, son centre devient creux. Une cavité n'est pas plutôt formée que des cellules organiques, isolées les unes des autres, y apparaissent et restent, à partir de ce moment-là, sous le contrôle exclusif des contractions du cœur ; car c'est de ce nom que nous devons maintenant désigner cet organe cellulaire. Bientôt des canaux rayonnent de cet organe central, et les cellules qui y sont contenues (lesquelles ne sont autre chose que les corpuscules primitifs du sang) sont poussées dans ces canaux (les artères primitives), à chaque mouvement de systole, retournant au cœur à chaque diastole. Ce phénomène de va-et-vient, des corpuscules, continue jusqu'à ce que les artères atteignent la périphérie du système organique, alors qu'on voit se former des canaux récurrents (les veines) de la même manière que se sont formées les artères, et qui ramènent les cellules au cœur par une direction diamétralement opposée à celle que ces dernières avaient prise à leur point de départ.

Le système de la circulation subira, il est vrai, quelques modifications secondaires, au fur et à mesure que les divers organes de la fabrique animale se développeront ; mais tel que nous venons de l'indiquer, il est complet, puisqu'il existe un organe central qui pousse le fluide nourricier à travers un système de vaisseaux, vers la périphérie de l'organisme, d'où ce même fluide revient à l'organe central par un autre système de vaisseaux.

Telle est la genèse de l'appareil ou réservoir de la circulation.

Le liquide primitif mis en circulation est essentiellement composé de cellules organiques et de sérum, fournis par la masse embryonnaire elle-même, puisque le système digestif, qui seul élabore le sang, n'existe point encore. Ces cellules primitives sont les premiers corpuscules du sang ou fluide nourricier. Pendant un certain temps, qui varie pour chaque cas, l'alimentation a lieu par intussusception.

Ainsi de la genèse du fluide nourricier.

Le développement des organes respiratoires s'effectue simultanément, et en temps et lieu le fluide nourricier s'y rend pour y accomplir l'acte de la respiration.

Nous avons dit plus haut en quoi cet acte consistait.

XVI

HOMOLOGIE DU VITELLUS ET DE LA FIBRINE.

Le vitellus est la substance préparée et mise en réserve par l'organisme en vue d'un être futur, lequel en est, physiquement parlant, exclusivement formé.

La fibrine est la substance préparée par l'organisme en vue des besoins physiques du même être nouveau, après l'éclosion ou la parturition, lequel est alimenté et augmente son volume exclusivement de cette substance.

La fibrine du sang et le vitellus ou jaune de l'œuf ont essentiellement la même origine, tendent vers le même but, jouent un rôle analogue, et ont par conséquent la même signification.

Les parties constitutives du vitellus sont les cellules bien connues sous le nom de cellules vitellaires.

Les parties constitutives de la fibrine sont de petites cellules, les cellules protéennes, fait acquis à la science par des observations qui nous sont propres et que nous avons citées plus haut (1).

Antérieurement à l'acte de la fécondation et à celui de l'incubation, les cellules vitellaires sont dans un état de repos absolu, de tranquillité, d'attente complète ; c'est pourquoi elles sont faciles à étudier.

Les cellules protéennes, au contraire, sont dans un état constant d'activité et de tendance à la métamorphose, ce qui les rend très-difficiles à observer dans leur condition normale et primitive, qu'elles ne conservent que pendant qu'elles sont en suspension dans le liquide sanguin. De plus, leur dissémination même dans ce liquide est un obstacle qui nous empêche de les obtenir isolées pour en faire l'analyse. Durant les manipulations que nécessite leur séparation des autres ingrédients du sang, elles perdent leur caractère primitif ; c'est pour-

(1) Page 9.

quoi leur identité avec les cellules vitellaires n'est ni frappante, ni évidente aux yeux de l'observateur.

Nous avons cité ailleurs (1) la méthode bien simple de se procurer, pour l'observation microscopique, des cellules protéennes dans un état d'isolement et de perfection.

XVII

CELLULES ERRANTES ET CORPUSCULES BLANCS DU SANG.

En traçant le développement embryogénique d'une planaire marine, nous avons figuré et décrit (2) des cellules blanches et transparentes sous le nom de cellules errantes, « *floating cells* », en tant qu'elles flottent librement dans la zone albumineuse qui entoure le jaune ou sphère embryonnaire. Il ne nous reste aucun doute sur leur origine : ce sont de vraies cellules vitellaires qui, en se

---

(1) Voyez, à cet égard, les *Comptes rendus de l'Académie des sciences*, vol. XLII, 1856, p. 514.

(2) *Journal de l'Académie de Philadelphie*, vol. II. Nouvelle série, in-4°. 1854.

détachant du vitellus, tombent dans l'albumine ambiante, et, ces cellules une fois complétement séparées de la sphère vitale, se trouvent sans rôle à jouer, sans fonction à remplir. Leur force organique innée s'épuise bientôt d'elle-même ; il en résulte une expansion de leur membrane, un développement anormal, excessif de leurs noyaux, et elles deviennent ainsi cellules épithéliennes.

Des cellules, semblables aux « cellules errantes, » se rencontrent de même au centre du vitellus durant la période de sa plus grande effervescence, immédiatement avant la première manifestation de l'embryon. A cette époque, le vitellus, en devenant creux, permet à certaines cellules vitellaires de perdre leur adhérence, et de tomber ainsi dans la cavité qui vient de se former et que l'albumine seule remplit : là lesdites cellules vitellaires épuisent leur force vitale et parcourent les phases propres aux cellules épithéliennes. On les observe parfois sortant de la masse embryonnaire, pour entrer dans la zone albumineuse qui l'entoure, et se mélanger à celles qui s'y sont déjà formées.

Ces « cellules errantes » ont été observées durant les phases de la division du jaune ; pendant ces phases-là, les cellules vitellaires courent la même chance de se détacher de la masse générale et de subir un développement prématuré.

Telle est l'origine des « cellules errantes » embryonnaires. Voyons maintenant quelle est celle des corpuscules blancs du sang.

Lorsque des cellules protéennes (fibrine) demeurent dans le fluide nourricier au delà d'une période donnée, faute de n'avoir pu passer à travers les parois des réseaux capillaires, et de cette façon ne remplissent pas la fonction à laquelle la fabrique organique les avait préposées, ces cellules subiront un développement rapide et prématuré, lequel se traduit par l'expansion de leur membrane et l'exagération de leurs noyaux. Elles deviendront ainsi des cellules épithéliennes.

L'identité de structure entre les cellules errantes et les corpuscules blancs du sang, ainsi qu'entre ces deux derniers et les cellules épithéliennes des tissus organiques, ne peut être révoquée en doute. Par conséquent :

Les corpuscules blancs du sang sont des cellules protéennes épuisées ou usées ;

Les « cellules errantes » embryonnaires sont des cellules vitellaires pareillement épuisées;

Et les uns et les autres, corpuscules blancs du sang et cellules errantes embryonnaires, sont, de leur nature, de vraies cellules épithéliennes.

XVIII

CELLULES ÉPITHÉLIENNES.

De plus, les cellules épithéliennes des tissus organiques sont des cellules protéennes épuisées. Elles se forment à la périphérie des organes ou bien le long des surfaces des membranes organiques. Non protégées d'un côté, et de l'autre en contact avec le corps ou l'organe en pleine activité, leur croissance est accélérée et leur force vitale se trouvant bientôt épuisée, elles deviennent caduques, tombent, et sont entraînées au dehors par les canaux naturels de la fabrique animale.

Cependant les cellules épithéliennes ne sont pas tout à fait inutiles dans l'économie des corps vivants; elles servent d'enduit protecteur à plusieurs membranes et à plusieurs organes contre les effets délétères des milieux environnants. Sur la surface de certaines membranes elles acquièrent des cils vibratiles dont les mouvements facilitent la circulation de certains fluides. Même chez certains embryons nous observons des cils vibratiles sur des points donnés de leur périphérie, et qui, pour une période limitée, remplissent les seules fonctions motrices qui existent.

Le phénomène de la formation épithélienne est une fonction permanente, voire même importante, de la fabrique animale; les cellules épithéliennes elles-mêmes ont une existence temporaire et éphémère; mais le fluide nourricier derrière les tissus est toujours prêt à suppléer leur place lorsque celle-ci devient vacante.

XIX

APPLICATION A LA MÉDECINE.

La nutrition est le dernier mot de la physiologie. Le dernier mot de la physiologie est, en principe, le premier mot de la médecine thérapeutique considérée comme science. Sans le secours de la physiologie, cette dernière ne peut être qu'un art.

La chirurgie, ou médecine opératoire repose entièrement sur l'anatomie. Mieux l'opérateur connaîtra l'organisme et mieux il pratiquera ses opérations. C'est pourquoi nous pouvons dire dans le même sens, que le dernier mot de l'anatomie est le premier mot de la chirurgie.

Et à la base de chacune d'elles, la physiologie et la médecine thérapeutique et opératoire, se placera l'embryologie.

Les médecins conviennent tous que les *tempéraments* réclament une attention toute scrupuleuse au point de vue thérapeutique.

La cause essentielle des tempéraments réside dans une *différence qualitative* des solides et des liquides qui constituent la charpente humaine, et non pas dans une *différence de structure;* la structure est identique chez tous les individus ; le tempérament diffère pour chaque individu.

Les tempéraments appartiennent donc au domaine de la physiologie.

Un tempérament dit *flegmatique* ou *lymphatique* est dû à la présence, dans la circulation, d'un surplus d'albumine, ce qui rend l'élément nutritif défectueux et impropre de remplir sa fonction.

Quand l'existence de l'élément lymphatique se prolonge beaucoup dans le système, le tempérament acquiert une faiblesse nerveuse ; il devient ce que nous appelons *nerveux*. La fabrique organique est sensible et excitable à cause de l'état défectueux et d'appauvrissement du principe nutritif.

Le tempérament *sanguin* est occasionné par un surcroît de corpuscules rouges et conséquemment de fibrine. L'élément nutritif est surabondamment riche.

Le tempérament sanguin, en se maintenant longtemps, devient par cela même *bilieux*. Une sécrétion copieuse de bile survient comme conséquence nécessaire d'un tel ordre de choses. Il atteint à sa phase *mélancolique* lorsqu'un surplus de matières grasses séjourne dans le système, ce qui rend la fonction hépatique extrêmement laborieuse. Une phase *nerveuse* peut aussi s'ensuivre, occasionnée par la condition morbide de la phase précédente.

Ainsi les tempéraments peuvent être classés en deux catégories.

Premièrement. — Le tempérament lymphatique, avec une phase nerveuse.

Deuxièmement. — Le tempérament sanguin, avec trois phases : une phase bilieuse, une phase mélancolique et une phase nerveuse.

Des corps physiques peuvent être dans un état de consomption sans qu'aucune autre maladie s'y produise. Ils dépérissent simplement parce que les matériaux qui leur sont fournis sont en plus petite quantité que ceux qui sont journellement consommés pour les usages de la fabrique animale.

Le traitement à suivre se commande lui-même. Dans un cas de consomption pure et simple, résultant de l'emploi d'une plus grande quantité de matière organique que celle qui est élaborée par la fabrique animale en un même temps donné, un régime riche surtout en substances albumineuses et graisseuses devra être suivi. Si l'appareil digestif est en défaut, si les substances introduites comme aliments ne sont pas proprement digérées et élaborées, ce sera au médecin à en rechercher la véritable cause, et par sa science, à y porter remède en recourant aux moyens thérapeutiques en son pouvoir.

Il en sera de même, si le mal provient de la fonction respiratoire.

Un tempérament lymphatique réclame une nourriture où les substances grasses prédominent. La phase nerveuse qui en découle nécessitera une attention toute spéciale de la part du médecin.

Un vrai tempérament sanguin n'a pas de tendances consomptives. Mais lorsqu'il entre dans sa phase bilieuse, l'avis du médecin peut devenir du plus grand des secours : le système cependant, ne tend pas à la consomption. Durant la phase mélancolique de ce même tempérament, un traitement médical judicieux devra être suivi, surtout s'il se manifeste une tendance à une phase nerveuse.

La phthisie pulmonaire, cette maladie si redoutée et si redoutable, lorsqu'elle a une fois pris pied dans l'organisme, a sa cause première en un dépôt, dans les poumons, de substances amorphes ou inorganiques en suspension dans le fluide nourricier, telles que la lymphe ou pour parler plus distinctement, de l'albumine. Ou bien encore, des substances qui entrent par les voies respiratoires. Les dépôts tuberculeux qui en résultent sont aidés dans leur travail par le résidu des enveloppes des corpuscules rouges, lorsqu'une combustion imparfaite ne les a pas réduits à l'état d'éléments volatiles pour être rejetés par les voies naturelles de ces organes.

Donc, les causes premières de cette maladie, résident dans des aliments imparfaitement assimilés, ainsi que dans l'insuffisance d'éléments combustibles. L'une et l'autre de ces causes peuvent agir simultanément, ou bien chacune séparément.

Il y a des cas de consomption accompagnés de maladies collatérales. L'une des branches du système élaborateur peut se trouver affectée de diverses manières par des lésions ou des obstructions ; un organe particulier peut être défectueux soit dans son développement, soit dans l'accomplissement de ses fonctions ; et plusieurs autres causes de perturbation peuvent exister. Chacune de ces complications maladives devra subir le traitement qui lui est propre, sans toutefois que ce traitement contrarie en rien le traitement général qui s'appliquera plus directement à la consomption proprement dite.

Un vaste champ de recherches est ouvert aux chimistes, aux physiologistes et aux médecins. Bien des questions et des problèmes, incompris jusqu'ici, trouveront leur solution dans des recherches scrupuleuses et dans une application philosophique des faits déjà acquis.

FIN.

TABLE DES MATIÈRES

Avant-propos... 7
    I. — Physique et moral................................. 11
   II. — Histologie... 14
  III. — Théorie cellulaire................................. 15
  IV. — Cellules primordiales............................ 16
   V. — Cellules dérivées................................. 18
  VI. — Embryogénie...................................... 20
 VII. — Éléments organiques............................ 25
VIII. — Mécanique de la vie.............................. 26
  IX. — Fabrique animale................................. 30
   X. — Fluide nourricier.................................. 35
  XI. — Chimie de la vie................................... 39
 XII. — Matériaux inorganiques......................... 48
XIII. — Corpuscules blancs du sang.................... 51
XIV. — Lymphe et système lymphatique.............. 53
 XV. — Genèse de la circulation......................... 56
XVI. — Homologie du vitellus et de la fibrine......... 59
XVII. — Cellules errantes et corpuscules blancs du sang.. 61
XVIII. — Cellules errantes épithéliennes................ 64
XIX. — Application à la médecine....................... 65

Corbeil. Typ. et stér. de Crété.

www.ingramcontent.com/pod-product-compliance
Lightning Source LLC
LaVergne TN
LVHW051459090426
835512LV00010B/2228